Léonce de Lavergne

De l'accord de l'économie politique et de la religion

Essai

ISBN : 978-1546523871

10 9 8 7 6 5 4 3 2 1

Léonce de Lavergne

De l'accord de l'économie politique et de la religion

Essai

Table de Matières

De l'accord de l'économie politique et de la religion

Pour un assez grand nombre d'esprits exclusifs, il y a une incompatibilité absolue entre les idées religieuses et l'économie politique. Cette prétendue antipathie se manifeste à la fois des deux parts ; on la sent plus qu'elle ne s'exprime dans les écrits de quelques économistes, qui semblent enclins à nier ou à restreindre les intérêts spirituels de l'humanité ; elle éclate surtout chez ceux qui se prétendent les pieux par excellence, et qui, du haut de leur fougueux spiritualisme, foulent aux pieds les intérêts corporels. Tous deux se trompent assurément, car l'homme est un être double ; l'âme n'a pas plus le droit de détruire le corps que le corps de corrompre l'âme. Les deux natures sont unies ici-bas par un lien indissoluble, et il est impossible de supposer que ce qui sert à l'une nuise à l'autre, car alors l'auteur éternel des choses aurait institué la guerre et non l'harmonie. « Le plus beau spectacle, disait Platon, serait l'union d'une âme et d'un corps également accomplis. » Ce mot de la sagesse antique est toujours vrai ; le christianisme, quoi qu'on en dise, n'y a rien changé. Le christianisme a fait la guerre aux appétits déréglés, qui n'épuisent pas moins le corps que l'âme ; il a placé hors de cette vie mortelle le but suprême de nos efforts, mais il n'a pas interdit l'usage modéré des biens terrestres qui donnent seuls au corps sa force et à l'âme sa liberté.

Ce qui le prouve jusqu'à l'évidence, c'est l'immense supériorité de richesse des peuples chrétiens. Comparez aux plus beaux moments de l'antiquité l'état actuel du monde, et vous verrez quelle différence de population, de puissance et de bien-être ! Partout, dans les derniers temps de l'empire romain, la population décroît avec la richesse ; dès que l'esprit chrétien a sérieusement pénétré l'humanité, la richesse renaît et ne cesse pour ainsi dire de grandir jusqu'à nous. Non-seulement cette supériorité se déclare entre le monde chrétien et le monde païen, mais elle apparaît de nos jours avec plus de force entre les nations vivantes. Où en sont les populations musulmanes ou bouddhistes sous le rapport de la richesse comme sous tous les autres ? Les nations chrétiennes au contraire ne cessent de se fortifier et de s'étendre. Comment dire, après de pareils exemples, que le christianisme est, par son essence, contraire au progrès matériel ? Qui ne voit qu'il y a en lui une vertu féconde qui agit sur l'homme tout entier, et qui développe à la fois les forces physiques et les forces morales de l'humanité ? Que veut dire ce beau mot de civilisation, ce mot que le monde n'a connu qu'après des siècles de christianisme, s'il ne signifie l'union de toutes les puissances de l'âme, de l'esprit et du corps dans un harmonique et majestueux développement ?

À cet enseignement des faits, on oppose des textes étroitement interprétés et des confusions de mots. « L'économie politique, dit-on, s'intitule elle-même la science des richesses, et qui ne sait que la passion des richesses est formellement repoussée par l'Évangile ? Écoutez cette parole divine : *Nul ne peut servir Dieu et Mammon*, et cette autre plus significative encore : *Il est plus facile de faire passer un câble par le trou d'une aiguille que de faire entrer un riche dans le royaume des deux.* » L'équivoque porte ici sur le sens du mot *richesse*. L'économie politique a pourtant soin de définir ce qu'elle entend par ce mot ; les richesses, pour elle, sont les objets matériels qui servent à satisfaire les besoins des hommes, comme les aliments, les vêtements, les maisons, et qui ne peuvent avoir d'autre origine que le travail et l'épargne. Est-ce à la richesse ainsi comprise que s'adresse la condamnation divine ? Mais alors il faut laisser le genre humain mourir de faim et de misère. Non, Mammon n'est pas le symbole des richesses et des satisfactions légitimes ; c'est le démon des richesses illicites et des jouissances désordonnées. L'économie politique repousse à son tour Mammon, non comme producteur, mais comme destructeur de richesse ; au lieu de violer le précepte, elle lui donne une nouvelle application.

Ce riche qui aura tant de peine à entrer dans le royaume des cieux, c'est le mauvais riche, celui qui a mal gagné ses richesses et qui les dépense mal. L'économie politique recherche la richesse collective, distribuée le plus également possible entre tous les membres de la communauté, et non cette richesse excessive des uns qui a pour conséquence nécessaire la pauvreté des autres et qui provient le plus souvent de la fraude ou de la violence. Il est sans doute fâcheux qu'on se serve du même mot pour désigner deux choses si différentes ; mais la langue est ainsi faite, et il est bien difficile de s'y tromper après tant d'explications et de commentaires. Pour confondre ce qu'enseigne l'économie politique avec ce qu'elle condamne, le luxe et la cupidité, qui sont des vices, avec le travail et l'épargne, qui sont des vertus, il faut un parti-pris d'injustice que rien n'excuse. C'est là précisément ce qui sépare l'économie politique de ces écoles trompeuses qui promettent à tous l'opulence et qui ne leur donnent que la misère. Science exacte et sévère, elle a appris par l'étude patiente des faits que dans les sociétés les plus riches la part des individus reste toujours faible, et qu'on peut travailler à l'accroître indéfiniment sans craindre de dépasser la mesure.

Croit-on que, si les enseignements de l'économie politique étaient plus écoutés, nous verrions tant de gains énormes et subits sortir du monopole et du jeu, quand le véritable producteur n'obtient qu'avec peine une rémunération insuffisante ? Croit-on que nous verrions tant de trésors péniblement acquis se perdre dans des prodigalités improductives, quand le capital manque trop souvent au travail ? Le mauvais riche ne s'y trompe pas ; il sait que, si la religion le menace d'un autre monde, l'économie politique l'atteint dès à présent dans la source de son opulence, et il maudit ce nouveau Lazare qui ose se dresser devant lui.

Il est un autre genre d'équivoque qui ne prête pas moins à la déclamation. De ce que l'économie politique a pour but spécial l'étude des moyens qui peuvent satisfaire nos besoins corporels, on affecte d'en conclure qu'à ses yeux les hommes n'ont pas d'autres besoins ; c'est dire que pour le chimiste l'histoire naturelle n'existe pas, et que l'avocat doit nécessairement nier l'utilité du médecin. Chacune des études humaines se renferme dans un cercle circonscrit pour le mieux connaître, mais sans prétendre qu'il n'y ait rien au dehors. L'économie politique n'a jamais dit que la recherche de la richesse dût être exclusive ; elle sait que l'homme a d'autres besoins, des besoins supérieurs ; elle les respecte et les confirme, quand elle les trouve sur son chemin. « Cherchez *d'abord* le royaume de Dieu et sa justice, *et le reste vous sera donné par surcroît.* » Voilà la véritable doctrine. Avant tout, Dieu et la justice ; mais après ces premiers biens il y en a d'autres qui doivent nous être donnés par surcroît. Ce *reste* forme le domaine de l'économie politique. De ce que l'homme doive songer d'abord à l'autre vie, il ne s'ensuit pas qu'il doive négliger de se nourrir et de se vêtir dans celle-ci.

Je sais bien que quelques passages du texte sacré semblent aller plus loin, mais ces mots si souvent rappelés s'adressent évidemment à la société païenne. « Quiconque ne renonce pas à tout ce qu'il possède n'est pas digne d'être mon disciple. N'ayez point de sollicitude et n'allez point dire : Que mangerons-nous ? que boirons-nous ? de quoi nous vêtirons-nous ? Ces *inquiétudes sont dignes des païens.* » Il fallait en effet, pour suivre la nouvelle loi, renoncer à tout dans la société païenne ; si ces règles s'appliquaient au pied de la lettre à la société chrétienne, la propriété elle-même ne serait pas permise, et il serait interdit de semer pour récolter. Comment concilier de pareils commandements avec cette loi première : *Tu mangeras ton pain, à la sueur de ton visage,* et avec cette autre parole adressée par deux fois aux enfants d'Adam : *Croissez, multipliez, remplissez la terre et la soumettez à votre domination ?* Il n'y a pas jusqu'à la statistique qui ne soit prévue et annoncée par ces mots du livre saint : « Vous avez tout fait, Seigneur, par nombre, poids et mesure : *omnia in mensura, numero et pondère disposuisti.* »

Comment croire en effet qu'en nous soumettant par le travail le monde matériel, nous ne remplissons pas un dessein supérieur ? Pourquoi l'homme a-t-il des besoins, si ce n'est pour les satisfaire ? Pourquoi trouve-t-il des obstacles dans les forces de la nature, si ce n'est pour les vaincre ? Pourquoi des secours sont-ils déposés pour lui dans ces forces mêmes, si ce n'est pour qu'il s'en serve ? Est-ce pour rien que le froment a été doué d'une puissance de reproduction presque indéfinie, pourvu que le travail de l'homme sache la dégager ? Est-ce pour rien que les animaux domestiques ont été soumis à notre volonté, si bien que nous pouvons les transformer à notre gré pour nous en aider et nous en nourrir ? Pourquoi cette laine qui pousse et tombe tous les ans, ces filaments du chanvre, du lin, du coton et des autres plantes textiles, si ce n'est pour qu'ils forment des tissus qui nous défendent des intempéries ? Pourquoi cette chaleur qui s'échappe du bois allumé et cette lumière que donne l'huile en brûlant, si ce n'est pour nous réchauffer et nous éclairer ? Pourquoi ces métaux accumulés dans les mines, ces carrières de pierre et de marbre, ces immenses provisions de charbon enfouies dans les entrailles de la terre, si ce n'est pour que nous allions les en extraire ? Pourquoi le bois a-t-il la propriété de flotter sur les eaux, le vent d'enfler les voiles, l'aiguille aimantée de se diriger vers le nord, la rame, la roue et l'hélice de fendre les flots, si ce n'est pour que nous franchissions à leur aide les vastes mers ? Pourquoi ces innombrables combinaisons entre les éléments que l'auteur des choses a préparées d'avance, tout en les cachant profondément, si ce n'est pour que la chimie les découvre et les adapte à nos arts ?

« Croissez, multipliez, remplissez la terre et la soumettez à votre domination. » Cet ordre suprême trace le programme de l'humanité. C'est pour lui obéir que tant de créatures humaines creusent avec effort depuis tant de siècles un sillon dont le terme est inconnu. Évidemment tout ce travail a un but. Quel est-il ? Nous l'ignorons. Nous savons seulement quelle tâche nous est assignée dans le plan surnaturel dont Dieu s'est réservé le secret. Ce souffle passager qui nous anime et qui s'éteint au moindre choc, nous devons le défendre et le préserver ; nous devons éloigner de nous autant que possible la misère et la maladie, qui brisent les forces et nous condamnent à l'inaction ; nous devons éviter l'oisiveté, cette maladie volontaire qui trouble l'ordre universel. Non contente de travailler pour elle-même, chaque génération qui passe doit préparer aux générations futures de nouveaux moyens de grandir. Nous devons accroître sans cesse la fertilité du sol, créer de nouveaux engins pour doubler la puissance du travail, bâtir, ourdir, défricher, façonner les métaux, subjuguer la terre, l'eau, l'air et le feu. Tant que cette planète offrira encore des recoins déserts, où se déploie dans toute sa puissance la nature sauvage, nous devons y pénétrer, lutter contre les agents de mort qui y règnent, et ouvrir au flot toujours croissant de la population humaine de nouvelles demeures. C'est Dieu qui le veut et qui l'a dit.

Il semble donc que la religion devrait bénir ces efforts et la science qui les dirige, d'autant plus que le soin légitime de nos intérêts terrestres n'a rien d'inconciliable avec nos devoirs religieux. Rien au contraire ne ramène plus à Dieu que l'aisance acquise par le travail ; l'extrême richesse et l'extrême pauvreté sont toutes deux mauvaises conseillères : c'est la richesse moyenne qui assure le mieux la pureté des mœurs et l'ardeur de la foi. Remercier et demander, voilà toute la prière. Quand le cultivateur a fini sa tâche, il invoque le Dieu qui fait mûrir les moissons et qui dispense à son gré la fécondité ; quand le marin brave les dangers de l'océan, quand le mineur descend dans les entrailles de la terre, quand le mécanicien déchaîne ces forces terribles qui peuvent le broyer en un moment, quand le pionnier s'enfonce dans des solitudes inconnues, ils se recommandent au maître suprême, qui tient leur vie dans sa main. *Donnez-nous aujourd'hui notre pain quotidien* disent-ils du fond du cœur en voyant toutes les peines que donne ce pain et tous les hasards qui le menacent. Puis, les premiers besoins satisfaits, l'esprit s'élève vers d'autres mystères, et le sentiment de l'immortalité s'éveille d'autant plus que le corps apaisé fait silence.

Nous voyons cependant une partie du clergé affecter un mépris insultant pour des études qui passionnent de nos jours beaucoup d'esprits droits, malentendu d'autant plus regrettable qu'il amène le mal dont on se plaint. Une sorte de rupture se fait entre les intérêts spirituels et les intérêts terrestres malgré les liens qui les unissent, et tous deux y perdent également. Combien les prêtres qui vont bénir les locomotives et présider aux comices agricoles comprennent mieux leur mission ! Ceux-là savent que la matière n'est pas moins que l'esprit l'œuvre du Créateur, et qu'il n'y a point de partage à faire entre ses dons. Ceux-là n'ont plus qu'un pas à faire pour étudier l'économie politique et pour lui apporter le secours de leur voix.

Ces sortes d'études ne seraient pas nouvelles pour le clergé en général et pour le clergé français en particulier. Même sans parler de ces temps du moyen âge où l'église gouvernait le monde, nous avons plus près de nous, dans les temps qui ont précédé immédiatement 1789, et dans le mouvement de 1789 lui-même, de grands exemples d'une alliance intime entre l'économie politique et la religion, Dans tous les diocèses de France, et particulièrement dans ceux des pays d'états, les évêques présidaient à l'administration. Toute l'organisation des états du Languedoc, qui a créé tant de modèles suivis encore aujourd'hui pour la perception des deniers publics, reposait sur les évêques. Lors de l'établissement des assemblées provinciales dans les généralités qui n'avaient pas d'états, ce furent presque partout les membres du clergé qui se trouvèrent les plus prêts à traiter à fond toutes les questions d'utilité publique. Il ne faut pas oublier que l'assemblée nationale de 1789 se composait pour un quart de députés du clergé, et que parmi les premiers chefs de la majorité réformiste figuraient les principaux prélats du royaume. C'est la révolution qui a interrompu ces traditions et obscurci ces souvenirs ; mais si l'état social qu'elle a institué ne laisse plus une si grande place au clergé dans l'ordre administratif et politique, elle n'a pas pu lui ôter son action sur les consciences.

Heureusement on voit depuis quelque temps des symptômes nouveaux qui semblent annoncer un retour de la part d'éloquents défenseurs de la foi. Dans le nombre, il faut citer au premier rang le père Gratry, qui a rendu plusieurs fois une éclatante justice à la science économique. « On m'assure, dit-il dans *les Sources*, que l'économie politique est un fléau ; moi, je dis : C'est le salut des sociétés. » La tentative la plus récente et la plus complète pour mettre un terme au fatal préjugé, qui n'a encore que trop de racines, est le livre de M. Charles Périn, professeur de droit public et d'économie politique à l'université de Louvain, sur *la Richesse dans les sociétés chrétiennes*. L'existence seule d'un pareil livre indique un grand progrès. L'université catholique de Louvain est, comme on sait, indépendante de l'état, et sous la direction exclusive du clergé belge. Pour qu'on y ait institué une chaire d'économie politique, il faut que les chefs de ce clergé aient reconnu la nécessité de ces études. L'écrit de M. Périn prouve d'ailleurs que le cours est fait avec talent et en pleine connaissance de cause.

De son côté, l'économie politique fait une partie du chemin. Les premiers économistes, préoccupés d'établir avant tout les fondements de la science, avaient négligé de montrer ses rapports avec la philosophie morale et religieuse. Une autre tendance se manifesta. Je n'ai besoin que de nommer M. Droz pour rappeler celui qui en a donné le signal. Un des premiers aussi, M. Dunoyer, en montrant l'influence des bonnes habitudes morales sur le développement de la richesse, a frayé la nouvelle voie. Dans son cours du Collège de France, M. Baudrillart a insisté fortement sur l'harmonie essentielle qui unit le juste et l'utile. Plus récemment encore, dans des leçons libres d'économie politique professées à Montpellier, M. Frédéric Passy a repris la même thèse avec succès. Ce n'est pas précisément de religion, mais de morale, qu'il s'agit dans ces publications ; mais de la morale à la religion il n'y a qu'un pas, et ce pas est souvent franchi par les économistes modernes.

On peut dire de l'économie politique ce qu'on a dit d'autres études : un peu de science éloigne de Dieu, beaucoup de science y ramène. Si le magnifique spectacle de la nature physique révèle un ordonnateur universel, il n'en est pas autrement du monde économique. Quand on pénètre un peu avant dans les lois qui régissent la production et la distribution des richesses, on découvre un autre genre de gravitation non moins admirable que celui qui règle les mouvements des astres. La seule différence entre l'ordre physique et l'ordre économique, c'est que l'homme ne peut rien changer au premier, tandis qu'il peut bouleverser le second. L'un a été placé hors de sa portée, l'autre lui est soumis, du moins en partie, car le désordre lui-même a ses limites. En revanche, si l'homme peut troubler les lois économiques, il peut aussi les sentir, et alors éclate la plus belle des harmonies, l'harmonie entre la liberté humaine et la liberté divine. Inépuisable sujet de méditation et d'observation ! lumière nouvelle qui éclaire un peu plus l'obscur problème de nos destinées !

Je ne parle pas d'autres tentatives pour *spiritualiser*, comme on dit, l'économie politique, parce qu'elles n'émanent point d'économistes proprement dits. Il faut bien se garder, dans ce mouvement fort louable de rapprochement, de mêler les genres et de confondre les méthodes. La science économique se doit avant tout de rester elle-même. Il ne peut lui convenir d'abdiquer sa nature pour se faire accepter, et de subir une sorte d'amnistie à condition de se convertir. Son but est l'utilité, son objet la richesse, son moyen l'intérêt bien entendu. Que l'utile finisse par se confondre avec le juste et le saint, rien de mieux assurément ; mais s'il consentait à subir des influences étrangères, il cesserait de s'appartenir. L'harmonie finale n'en aura que plus de force quand chaque route y conduira plus librement. On peut ajouter à l'économie politique, la développer, la perfectionner, mais par les procédés qui lui sont propres : on ne doit pas songer à en changer l'essence.

Il y a près de trente ans que M. de Villeneuve-Bargemont a donné le premier exemple de cette prétention en écrivant son *Économie politique chrétienne*, comme s'il y avait une économie politique qui ne fût pas chrétienne. M. Périn ne tombe pas tout à fait dans le même tort ; son langage laisse pourtant percer de nombreuses réserves. Il se sert trop souvent de ces mots, qui jurent avec son sujet : *industrialisme, mercantilisme, individualisme, rationalisme*. L'industrialisme, c'est l'industrie ; le mercantilisme, c'est le commerce ; l'individualisme, c'est la liberté ; le rationalisme, c'est la raison. Il est bon de blâmer l'excès, mais il faut respecter l'usage. Que diriez-vous si nous vous répondions par les mots de superstition et de fanatisme ? Vous protesteriez, et vous auriez raison. Permettez-nous de protester aussi. Il ne suffit pas d'adopter les divisions de la science, il faut encore en prendre l'esprit. Au fond M. Périn est un économiste, un véritable économiste ; mais on dirait qu'il craint de l'avouer. À côté d'explications lumineuses sur le rôle du travail, de l'épargne, de l'échange, du crédit, de la concurrence, on trouve un reste de déclamations contre les intérêts matériels.

Le principe que le professeur de Louvain donne à la production des richesses est nouveau et quelque peu paradoxal, c'est l'esprit de renoncement chrétien. L'esprit de renoncement est le fonds du christianisme ; mais il n'agit que très indirectement sur la production, et, pris au pied de la lettre, appliqué comme règle universelle et absolue, il serait inconciliable avec elle. M. Périn développe en deux volumes cette donnée originale ; sur quelques points, il rencontre assez juste, car l'amour des richesses poussé à l'excès conduit à la destruction des richesses, et il y a des cas où il faut savoir y renoncer pour obéir à un devoir supérieur ; mais ces cas sont rares et exceptionnels. Le véritable principe de la richesse des peuples chrétiens n'est pas là, il est dans cette autre loi que le christianisme a promulguée : *Aimez votre prochain comme vous-même pour l'amour de Dieu.* Par cette règle d'amour et de justice, aidée quand il le faut de l'esprit de renoncement, l'utile est transfiguré en quelque sorte ; il cesse d'être un calcul personnel et égoïste pour devenir le symbole de la charité et de la solidarité, le lien entre tous les hommes et tous les peuples, le ciment terrestre de l'humanité. C'est par là que l'économie politique est bien la fille du christianisme ; elle n'aurait pas pu naître dans le monde antique.

Je comprends qu'à propos de la nécessité du travail, un économiste chrétien rappelle la doctrine de la chute et du châtiment. Le travail est un effort, une peine, une fatigue, et par conséquent un sacrifice. Je ne voudrais cependant pas qu'on insistât trop complaisamment sur cette définition. Si le travail est un châtiment, il est aussi une réhabilitation, et la bonté divine a joint à son arrêt de miséricordieuses compensations. Non-seulement l'homme ne peut vivre que par le travail, car il est entouré de forces destructives qui combattent incessamment contre lui ; mais dans ce labeur qui lui est imposé, il trouve son charme et sa récompense. Si ce côté consolateur est laissé dans l'ombre, pour ne laisser voir que la sombre loi de la fatalité, l'idée du travail n'est pas complète. Quand M. Périn affirme que l'énergie du travail procède de l'esprit de renoncement, il va beaucoup trop loin. L'esprit de renoncement se montre à l'origine du travail pour le faire accepter sans murmure ; mais ce qui le rend vraiment énergique et productif, ce n'est pas la crainte, c'est l'espérance. Sans la promesse d'une rémunération immédiate, le travailleur ne serait sur la terre que le morne esclave d'un maître irrité, tandis qu'il reçoit ici-bas un premier prix de ses sueurs. Pourquoi nous montrer dans Dieu la main qui châtie sans nous montrer aussi celle qui bénit ?

Il ne faut pas, ajoute M. Périn, que l'homme songe jamais à s'affranchir de la loi du travail, car la mollesse amène bien vite la corruption, la décadence et la mort. Cette doctrine est parfaitement conforme aux principes de l'économie politique, mais elle ne dit pas tout. Il y a pour l'homme deux manières de s'affranchir, sinon du travail proprement dit, du moins de ce que le travail a de plus pénible : l'une consiste à exploiter le faible par le fort, c'est la théorie de l'esclavage et des autres injustices sociales que l'économie politique repousse non moins que la religion ; l'autre consiste à perfectionner de plus en plus les instruments de travail, afin de rejeter sur les forces de la nature le principal effort, et celle-là, l'économie politique l'accepte et la conseille. Veut-on, au nom du châtiment primitif, nous interdire cette espérance ? Mais qui a reçu le droit de limiter ainsi les bienfaits de la Providence ? Il y a loin de cet affranchissement du travail par le travail à la barbarie de l'esclavage et à tous les autres moyens d'échapper au travail par la violence ou par la ruse, il y a toute la distance qui sépare le bien du mal. La religion elle-même ne peut qu'applaudir à ces découvertes, car plus l'homme se délivre du travail qui le courbe vers la terre, plus il peut cultiver son âme immortelle, plus il relève la tête vers le ciel.

De même je comprends qu'un philosophe chrétien invoque la loi du renoncement pour expliquer la nécessité de l'épargne. L'épargne est, comme le travail, un sacrifice, et il est bien digne de réflexion que l'homme ne puisse augmenter sa richesse dans l'avenir sans s'imposer une privation dans le présent ; mais cette nécessité démontrée et expliquée, c'est rabaisser l'idée sublime du renoncement que d'en faire le mobile de la formation du capital. La privation passagère qui constitue l'épargne a une origine moins haute : elle découle du désir d'assurer et d'augmenter son bien-être, désir légitime et conforme à l'ordre. À ceux qui peuvent contester la nécessité de l'épargne, la religion répond d'abord par la loi du renoncement ; l'économie politique répond ensuite par un calcul intéressé. Les deux thèses s'appuient l'une sur l'autre, elles ne se confondent pas. Cette préoccupation exclusive de l'esprit de renoncement donné au livré entier de M. Périn un air de contradiction et d'inconséquence. On ne peut s'empêcher de sourire en voyant la peine qu'il se donne pour faire sortir la richesse du mépris même des richesses. Nous demander de renoncer à tout et toujours, et nous promettre tous les biens de ce monde en échange de cette abnégation, c'est prêter un peu à la moquerie. Avec l'esprit de renoncement poussé à l'excès, tous les livres d'économie politique deviendraient inutiles ; Aussi, après avoir bien foudroyé le matérialisme, M. Périn est-il obligé de revenir à cette conclusion, qui tranche avec ses prémisses : « C'est sagesse vraiment chrétienne de travailler à mettre les sociétés dans les conditions où, suivant les expressions de M. de Maistre, *le plus grand bonheur possible sera le partage du plus grand nombre d'hommes possible.* »

Voilà encore un assez beau but, quoiqu'il soit tout terrestre, et il serait pénible d'y *renoncer*, pour se servir de l'expression favorite de M. Périn. Une fois entré dans cette voie, qui est la vraie pour un économiste, il démontre éloquemment tout ce qu'a fait l'esprit chrétien pour le développement de la richesse. Il trace des derniers temps de l'empire romain un tableau juste et sévère ; le monde entier mis au pillage par une seule ville, une poignée de Romains oisifs consommant des trésors extorqués, le travail asservi, la misère universelle comme la corruption, et du sein de cet esclavage et de cette fange le christianisme sortant tout à coup pour prêcher la fraternité humaine et délivrer le travail. Ce rapprochement est toujours instructif, bien qu'il forme depuis longtemps une sorte de lieu commun pour les économistes. Voici entre autres ce que dit Blanqui dans son *Histoire de l'Economie politique* ; » Qu'est-ce donc aujourd'hui que la liberté civile, religieuse et commerciale, si ce n'est le développement de la pensée chrétienne ? Sans le principe nouveau de l'égalité devant Dieu, l'esclavage grec et romain infesterait encore le monde, la faiblesse serait toujours à la merci de la force, et la richesse serait encore produite par les uns pour être consommée par les autres, sans dédommagement. »

Au nombre des faits qui démontrent l'action puissante des idées religieuses sur la richesse, M. Périn cite à bon droit la prospérité de la France vers la fin du XIIIe siècle. En acceptant les évaluations de M. Henri Martin, fort peu favorable en général à l'état social du moyen âge, la France devait compter à l'avènement des Valois 25 ou 26 millions d'habitants, ou l'équivalent de ce qu'elle en contenait en 1789. Les magnifiques églises qui s'élevèrent partout à la fois, et que toute la puissance moderne aurait quelque peine à édifier dans le même temps, les cathédrales de Paris, de Reims, d'Amiens, de Chartres, de Rouen, de Bourges, l'église de Saint-Denis, et tant d'autres qu'il serait impossible d'énumérer, attestent un degré de science et d'activité qui étonne, en même temps qu'un développement original des arts. L'influence de l'église catholique pénétrait alors la société tout entière, et c'est à elle que revient surtout l'honneur de ce beau moment historique. Un roi que l'église a mis parmi les saints a donné son nom à ce siècle, où, suivant Joinville, *le royaume se multiplia tellement par la bonne droiture que le domaine) censive, rente et revenu du roi croissait tous les ans de moitié.*

L'exemple tiré des ordres religieux n'est pas moins frappant. Dans les siècles qui suivirent l'invasion des Barbares, les ordres religieux ont sauvé le travail et la richesse, aussi bien que la foi et les lumières. Le nom de saint Benoît n'est pas moins grand pour l'économie politique que pour la religion. « Les moines de saint Benoit, a dit M. Guizot, ont été les défricheurs de l'Europe. » Ce que le polyptique d'Irminon nous a appris de l'abbaye de Saint-Germain-des-Prés sous Charlemagne montre quel était déjà à cette époque l'état agricole de leurs immenses possessions. Tous les historiens modernes ont rendu justice à cette colonisation monastique qui s'étendit progressivement sur l'Europe inculte et à « ces grandes républiques agricoles, industrielles et littéraires de l'ordre de saint Benoit, » comme les appelle M. Mignet. Mabillon a compté dans le cours du VIe siècle quatre-vingts nouveaux monastères établis dans les vallées de la Saône et du Rhône, quatre-vingt-quatorze des Pyrénées à la Loire, cinquante-quatre de la Loire aux Vosges, dix des Vosges au Rhin. Une seule abbaye allemande, celle de Fulde, avait fondé autour d'elle cinq mille métairies. Cette prospérité se maintint longtemps. Il fait bon de vivre *sous la crosse*, disaient encore il y a cent ans les cultivateurs des domaines ecclésiastiques.

Le professeur de Louvain évoque avec raison ces souvenirs ; mais il compromet un peu sa thèse par une double exagération. D'abord il ne dit pas un mot des abus qui avaient fini par se glisser dans les communautés religieuses, et qui ont amené, malgré leurs bienfaits passés, une réaction violente. Au travail et à la prière avaient trop souvent succédé les vices qui accompagnent l'opulence et l'oisiveté. Ensuite il veut confondre dans la même admiration les ordres travailleurs et les ordres mendiants. On peut soutenir historiquement qu'à l'époque où ils ont paru, les ordres mendiants ont eu leur utilité ; mais c'est trop demander à l'économie politique que de prétendre les lui faire accepter comme institution permanente. Il serait imprudent d'unir leur cause à celle des autres ordres, car c'est contre eux que s'est surtout élevée la rumeur publique : ni excès de richesse, ni excès de pauvreté, voilà ce qui peut favoriser le rétablissement et la durée des institutions monastiques.[1]

Ils ont tort sans doute ceux qui repoussent pêle-mêle toutes les traditions et pour qui l'histoire nationale ne commence qu'en 1789 ; mais n'est-ce pas tomber dans un autre excès que de louer sans réserve une société morte et qui a mérité de mourir ? Six siècles nous séparent de saint Louis, c'est chercher un peu loin nos modèles. Que s'est-il passé dans l'intervalle pour qu'on saute ainsi

1 Voltaire a fait parfaitement à sa manière cette distinction entre les premiers ordres fondés par saint Benoit et les ordres mendiants fondés par saint François :
J'aime assez saint Benoit ; il prétendit du moins
Que ses enfants tondus, chargés d'utiles soins,
Méritassent de vivre en traînant la charrue,
En creusant des canaux, en défrichant des bois ;
Mais je suis peu content du bonhomme François :
Il crut qu'un vrai chrétien doit gueuser dans la rue,
Et voulut que ses fils, robustes fainéants,
Fissent serment à Dieu de vivre à nos dépens :
Dieu veut que l'on travaille et que l'on s'évertue.
Otez la légèreté moqueuse du ton, dont il faut toujours prendre son parti quand il s'agit de Voltaire, et vous aurez le jugement qu'il parait raisonnable de porter sur les ordres religieux. La condamnation des ordres mendiants était prononcée par le clergé lui-même à la fin du règne de Louis XVI. Sans aucun doute, si la révolution n'était pas survenue, la réforme de ces ordres ne s'en serait pas moins faite : elle était déjà commencée avant 1789.

Léonce de Lavergne

à pieds joints sur toute une moitié de notre histoire ? Si nous regardons à ces six cents ans, nous y trouverons que, tout compte fait, la somme du mal l'emporte beaucoup sur celle du bien. Le XIIIe siècle, qu'on nous vante avec raison, n'avait-il pas aussi ses côtés faibles ? Pourquoi ces jours brillants ont-ils été suivis d'une si sombre nuit ? Ce qui a fait défaut à la civilisation du moyen âge, c'est précisément l'économie politique : de là sa prompte décadence. Les pestes terribles qui répandaient partout la désolation montrent que l'hygiène des corps manquait absolument, et l'état des âmes ne valait pas toujours beaucoup mieux. Que de fraudes, de violences, de crimes impunis ! Le frein religieux n'a pas suffi, à défaut de garanties plus positives, pour contenir les passions des hommes ; l'esprit religieux lui-même a souvent disparu dans le désordre universel. Quel lugubre chaos que la fin du moyen âge, et dans des temps plus rapprochés de nous quel souvenir de haine, exagéré sans doute, mais toujours vivant, a laissé après lui l'ancien régime ! Il faut savoir distinguer dans le passé, et, en lui empruntant ce qu'il a de bon, l'approprier aux idées modernes.

L'écrivain catholique accepte pleinement le principe moderne de la libre concurrence, c'est la meilleure partie de son livre, celle où il s'affranchit le plus nettement des vieux préjugés ; il démontre les avantages qui en résultent pour la division du travail, tout en exprimant le vœu que l'esprit de justice et de charité adoucisse les rudesses de l'application. Rien de plus légitime qu'un pareil vœu. De ce que les économistes prêchent la libre concurrence, il ne faut pas en conclure qu'ils ferment les yeux sur ses inconvénients. Un des économistes les plus radicaux de notre temps, M. Stuart Mill, s'est exprimé à ce sujet en termes assez nets : « Je ne suis pas, dit-il, de ceux qui croient que l'état normal de l'homme soit de lutter sans fin pour se tirer d'affaire ; que cette mêlée où l'on se foule aux pieds, où l'on se coudoie, où l'on s'écrase, et qui est le type de la société actuelle, soit la destinée la plus désirable pour l'humanité, *au lieu d'être simplement une phase désagréable du progrès industriel.* » A défaut de lois morales qu'il est toujours bon d'invoquer, l'expérience suffirait pour démontrer que la plupart de ces efforts violents manquent leur but, et que le véritable bonheur consiste dans la modération des goûts et le *self government* des intérêts. M. Périn fait remarquer en outre que l'esprit d'association est essentiellement chrétien, et que, pour lui donner toute sa force, rien ne remplace les garanties de moralité et de bienveillance réciproque. Pour modérer la fièvre de la lutte, il fait appel aux liens sacrés de la famille, à la sobriété, à la patience, à toutes les vertus, exhortations fort sages qui trouvent leur sanction dans le principe économique de l'intérêt bien entendu.

Le crédit est un phénomène tout moral qui repose sur la< confiance, c'est-à-dire sur la probité. M. Périn n'a donc pas de peine à le rattacher à la loi religieuse. Il en est de même de l'échange, qui n'est qu'une conséquence de la solidarité chrétienne entre tous les peuples. « Il n'y a point de hasard dans le monde, a dit M. de Maistre, et je soupçonne depuis longtemps que la communication d'aliments et de besoins parmi les hommes tient, de près ou de loin, à quelque œuvre secrète qui s'opère dans le monde à notre insu. » Voilà donc un argument puissant en faveur du libre échange ; il est désormais placé sous la protection de la Providence. Dans l'antiquité, cette union du commerce et de la religion était déjà telle que Heeren a pu se servir, pour déterminer les routes du commerce oriental, des données que l'histoire fournit sur la situation des principaux sanctuaires. Le christianisme a fait plus encore. Les foires, qui formaient, au moyen âge le principal et presque le seul moyen de réunion entre les commerçants, étaient spécialement protégées par la législation ecclésiastique, et elles coïncidaient pour la plupart avec de grandes fêtes religieuses.

Il est assez difficile de justifier économiquement les croisades, qui ont fait périr sans nécessité plusieurs millions d'hommes. M. Périn l'essaie cependant, et il faut reconnaître avec lui que, parmi les malheurs qu'elles ont entraînés, se sont mêlés des résultats utiles. Elles ont ouvert au commerce des voies nouvelles et introduit en Europe de nouveaux arts. De nos jours, les missions religieuses que les divers cultes chrétiens envoient chez les peuples barbares ont des effets plus sûrs et moins chèrement achetés, quand elles n'appellent pas trop à leur secours les forces militaires et maritimes de la mère-patrie. Un professeur d'économie politique qui devait mourir premier ministre du pape, Rossi, a fait remarquer un des première les conséquences économiques de ces missions. « En propageant le christianisme, dit-il, elles instruisent et civilisent, elles excitent de nouveaux besoins, stimulent la consommation et l'échange, et par là même la production. Elles font tomber les barrières que la diversité des religions, le manque de civilisation et de besoins communs avaient élevées entre les nations ; elles tendent à assimiler les peuples entre eux en les rangeant tous sous la loi commune de la fraternité chrétienne ; elles étendent les marchés existants et en créent de nouveaux. »

Mais il faut que le génie commercial achève et consolide ce que l'esprit religieux a commencé. Si le commerce avait été puissant et actif au temps des croisades, le contact des peuples chrétiens aurait usé l'islamisme comme il l'use de nos jours, Constantinople n'aurait probablement jamais subi la domination du croissant. Ce n'est pas par la barbarie qu'on repousse la barbarie, et la guerre, quel que soit son but, n'est que barbarie. Au XVIe siècle, c'est une pensée religieuse non moins qu'une idée de conquête qui a poussé Christophe Colomb à la recherche du Nouveau-Monde, et qui a décidé la reine Isabelle à lui en fournir les moyens ; mais que serait devenue cette découverte, si le commerce n'avait suivi la trace du hardi Génois ? Croit-on que l'Amérique serait aujourd'hui ce qu'elle est ? Ne voit-on pas que, si l'économie politique avait été dès lors mieux connue, la civilisation y aurait fait encore de plus rapides progrès ? C'est pour avoir exterminé les indigènes de ce vaste continent qu'il a fallu avoir recours à l'esclavage des nègres pour le cultiver. La religion n'a pas suffi pour empêcher ce double attentat, et c'est notre siècle calculateur qui répare le mal fait par des siècles de foi.

Sur la question fondamentale de la population, M. Périn se sépare en apparence de l'économie politique. Il renouvelle contre Malthus les accusations banales et, j'ai regret à le dire, les calomnies qui poursuivent depuis cinquante ans la mémoire de cet excellent homme. Je me garderai bien d'entrer dans le détail des abominations qu'il étale comme les conséquences forcées du principe de Malthus ; contentons-nous de répéter pour la millième fois que Malthus n'a rien dit de pareil, et qu'il faut une imagination en délire pour lui prêter de semblables aberrations. Il a fait remarquer tout simplement ce fait mathématique, que, quand la population montait plus rapidement que la quantité des subsistances, l'insuffisance produisait la mortalité, et, pour parer à ce danger toujours présent, il a fait appel à la prévoyance. Parmi les moyens de contenir le progrès de la population, il en est un le vice, qu'il repousse avec horreur, et il arrive invinciblement à conseiller une vertu que la religion conseille aussi, la continence.

Le plus curieux, c'est que, tout en traitant Malthus comme un blasphémateur, M. Périn, poussé par la force de la vérité, conclut exactement comme lui. Seulement il attribue aux idées religieuses la puissance la plus forte pour contenir les passions ; Malthus n'a jamais dit le contraire, et c'est répondre à sa pensée que de faire venir la religion à son secours. « L'église, dit M. Périn, convie de toutes ses forces la jeunesse au travail ; elle entoure avec un soin paternel les premières années de l'homme de toutes les précautions qui peuvent écarter de son âme vierge encore le souffle impur du vice ; elle s'efforce de le soustraire aux passions qui lui ôteraient l'empire de lui-même et qui le livreraient à des convoitises dont le remède se trouverait à peine dans un mariage prématuré, auquel manqueraient trop souvent les éléments matériels du bonheur domestique. *L'église, en fortifiant l'homme contre lui-même, en l'armant contre les penchants les plus impétueux de son cœur, lui donne le moyen d'attendre, dans un célibat honoré par le travail et la chasteté, le moment de fonder avec avantage une famille.* » Otez ce seul mot *l'église*, qui révèle le catholique, et vous croirez lire une page de Malthus.

M. Périn va plus loin, il invoque l'exemple du célibat religieux : « La grande institution du célibat religieux atteste, dit-il, mieux que toute autre la puissance du christianisme pour la régénération des âmes. C'est par elle que, sans poursuivre directement aucune fin relative à l'ordre matériel, *l'église catholique met indirectement une limite à l'accroissement excessif de la population.* » Encore un coup, Malthus catholique ne parlerait pas autrement. Je suis donc fâché de le lui dire, puisque ce titre paraît lui déplaire, mais M. Périn est malthusien. Il a beau chercher à nous faire prendre le change en nous parlant à tout moment de vice et de sensualisme quand il s'agit de vertu et d'abstinence. Pour combattre un Malthus imaginaire, il prêche la thèse du véritable Malthus. Il est rare que l'économie politique fasse appel à la loi du renoncement chrétien, tant prêchée par le professeur de Louvain, et au moment où elle y a recours, on lui répond par les plus sanglants outrages. Avais-je tort de parler d'inconséquence ?

Léonce de Lavergne

Je m'étonne que M. Périn, qui aime tant à s'appuyer sur M. de Maistre, n'ait pas tenu compte de ce passage du *Pape* [1] : « Cette force cachée qui se joue dans l'univers s'est servie d'une plume protestante pour nous présenter la démonstration d'une vérité contestée. Je veux parler de M. Malthus, dont le profond ouvrage sur le *Principe de la population* est un de ces livres rares après lesquels tout le monde est dispensé de traiter le même sujet. Personne avant lui n'avait clairement et complètement prouvé cette grande loi temporelle de la Providence, que non-seulement tout homme n'est pas né pour se marier, mais que, dans tout état bien ordonné, il faut qu'il y ait une loi, un principe, une force quelconque qui s'oppose à la multiplication des mariages. » Suivant son usage, M. de Maistre exagère la doctrine de Malthus et lui donne une rigueur qu'elle n'a pas ; même sous cette forme outrée, il y adhère pleinement, parce qu'il y trouve l'apologie du célibat ecclésiastique, et ce passage n'est pas le seul de ses écrits où il exprime son adhésion.

Il est vrai que M. Périn, comme tous les détracteurs de Malthus, affecte de le présenter comme un ennemi de la population. Cette accusation n'est pas plus fondée que la première. Malthus ne présente nulle part la contrainte morale comme une règle, mais comme une exception que peut seule imposer la nécessité ; loin de voir avec déplaisir les progrès de la population, il y applaudit au contraire, à cette seule condition que le progrès des subsistances marche au moins aussi vite. Il ne repousse que cette multiplicité désordonnée de naissances que suit fatalement une effroyable mortalité, quand les conditions d'existence ne suffisent plus. Sous ses auspices s'est formée toute une science qui a pour objet de suivre pas à pas le mouvement des naissances, des mariages et des décès, et qui jette les plus vives lumières sur l'état matériel et moral des nations. Nous savons tous les jours de plus en plus quelles causes agissent pour développer ou ralentir la population ; nous apprenons à démêler les bonnes influences des mauvaises, les progrès apparents des progrès réels. Depuis la publication du livre de Malthus, la population a presque doublé dans plusieurs contrées de l'Europe, et en même temps la durée moyenne de la vie s'est fort accrue, résultat admirable dont il n'est pas l'unique auteur, mais qu'il a singulière-

---

1 Livre III, chapitre III.

ment favorisé en appelant l'attention sur ces problèmes.[1]

C'est surtout quand il s'agit de la misère et de la charité qu'apparaît l'étroite solidarité de l'économie politique et de la religion. Il n'est pas de sujet plus chrétien que celui-là. La misère a des causes matérielles, comme l'insuffisance et surtout l'intermittence de la production. Elle a encore plus des causes morales. M. Périn n'a pas de peine à montrer que la plupart des maux qui assaillent les classes pauvres viennent de leurs vices. Un des plus terribles est l'ivrognerie, qui entraîne après lui tous les autres. Prêtres, économistes, administrateurs, tout le monde est d'accord pour signaler cette plaie sociale. Pour la combattre efficacement, il n'y a pas trop de tous les moyens à la fois. Que l'économie politique montre à l'ouvrier le mal qu'il se fait à lui-même en dissipant ses épargnes et son temps, en usant sa santé, son intelligence et ses forces, en se préparant une vieillesse misérable et prématurée. Que l'administration exerce sur les cabarets une surveillance sévère, et que la loi punisse au besoin les excès qui s'y commettent. Que la religion vienne enfin donner une sanction à ces leçons pratiques en rappelant a l'ouvrier ses devoirs envers lui-même, envers sa famille et envers. Dieu.

Les riches, ou ceux qu'on appelle ainsi, peuvent bien peu matériellement pour l'amélioration du sort des classes ouvrières. En admettant que les classes un peu aisées forment le dixième de la population, ceux qu'on peut appeler riches eh forment à peine le centième, et comme ils dépensent déjà tous leurs revenus en salaires, ils ne peuvent que changer la nature de leurs dépenses. Remplacer par des travaux utiles, qui augmentent le capital national, les prodigalités de tout genre qui le diminuent, voilà le moyen le plus efficace dont ils disposent. Moralement ils peuvent beaucoup plus.

---

1 M. Périn rappelle à ce sujet ce que j'ai dit moi-même dans la Revue du dénombrement de 1856, qui a constaté un ralentissement marqué dans la marche de notre population. Il n'y a rien là de contradictoire. L'examen des faits montre que la prévoyance est entrée pour très peu dans cette décroissance ; ce sont moins les naissances qui ont diminué que les décès qui se sont accrus. Trois fléaux, l'épidémie, la disette et la guerre, qui appartiennent tous les trois à ce que Malthus appelle les obstacles *répressifs*, ont été les principales causes du mal, et je me suis permis d'en indiquer une quatrième, que Malthus appelle le *vice* et que j'ai appelée le *luxe* pour adoucir les termes. Tout cela est parfaitement étranger à la *contrainte morale*. J'ajouterai en passant que si ces tristes phénomènes se sont un peu adoucis dans la dernière période quinquennale, de 1856 à 1861, les caractères généraux ont persisté.

C'est à eux de donner aux autres classes le plus grand des enseignements, celui de l'exemple. Là où les riches donnent l'exemple de mœurs régulières et honnêtes, les vices repoussés au sommet pénètrent difficilement dans les couches inférieures. Là au contraire où règnent le luxe et la corruption des grands, les petits imitent ce qu'ils voient, et la société tout entière se démoralise. Ici encore, s'il appartient à l'économie politique de montrer les funestes effets du luxe sur la richesse publique et privée, il appartient à la religion d'élever la voix pour rappeler aux riches qu'ils ont charge d'âmes.

Je n'ai qu'une réserve à faire sur cette partie du livre de M. Périn. Suivant moi, il force un peu le tableau de la misère moderne, comme tous les écrivains de son école. La comparaison avec le passé est, quoi qu'on en dise, tout à l'avantage de notre temps. Un économiste d'un chaleureux talent et d'une grande sincérité, M. Modeste, dans un livre sur le *Paupérisme*, couronné par l'Académie des sciences morales et politiques, a soutenu résolument cette opinion que *le paupérisme est un mal qui s'en va*. Sans aller tout à fait aussi loin, on peut affirmer qu'à prendre les choses dans leur ensemble, la misère diminue Le travail est plus productif et par conséquent le salaire plus élevé ; tous les objets nécessaires à la vie se multiplient avec plus d'abondance ; les famines périodiques qui emportaient des populations entières s'éloignent et s'atténuent, et si elles sont remplacées jusqu'à un certain point par les crises commerciales et industrielles, ces crises ont un autre caractère : elles tiennent en général à l'excès momentané, non au déficit de la production, et par conséquent elles entraînent moins de souffrances.

Ce grand développement matériel dérive de causes morales. Je n'examine pas pour le moment si les individus sont meilleurs, question délicate qui prête à contestation ; mais ce qui est certain, c'est que la société est meilleure et plus pénétrée de l'esprit du christianisme. Les droits de tous sont mieux connus et respectés, le faible est plus défendu contre le fort, le travail plus libre, la propriété plus assurée, la justice plus égale, la paix plus durable. Qu'il y ait encore beaucoup à dire sur tous ces points, je ne le nie pas ; l'ancienne barbarie ne cède pas la place sans combat. Somme toute, le progrès est évident. La condition du plus grand nombre y gagne nécessairement, et les chances de misère deviennent plus rares. Si le siècle se vante trop de ces avantages, il est bon de les ramener à leur juste valeur ; mais il ne faut pas non plus les nier absolument. C'est le cas de lui dire ce que Pascal disait à l'homme : *Si tu t'élèves, je t'abaisse ; si tu t'abaisses, je t'élève.*

M. Périn devient particulièrement injuste quand il parle de l'Angleterre. Il trace le plus effrayant tableau de l'état des classes laborieuses dans ce pays. Les documents dont il s'appuie sont pour la plupart anglais, et on peut croire qu'il n'y a rien à répondre à des témoignages oculaires. Il existe cependant d'autres témoignages, tout aussi authentiques, qui disent exactement le contraire. C'est que, dans le premier cas, on constate des exceptions, et que, dans le second, on s'en tient à la règle. Il suffit de passer huit jours en Angleterre pour voir par ses propres yeux combien l'aisance est générale parmi les classes ouvrières ; on peut toujours, si l'on veut, en pénétrant dans les quartiers les plus pauvres des grandes cités, s'y donner le spectacle d'une misère d'autant plus repoussante que l'humidité sombre du climat ajoute à son horreur ; mais là même la lumière entre peu à peu, et ces derniers repaires se circonscrivent de plus en plus. Les publications dont M. Périn reproduit de si douloureux extraits servent, par leur exagération même, à la guérison des maux qu'elles signalent ; on n'a pas en Angleterre l'habitude de cacher ses plaies, on les montre au grand jour ; quelquefois même on les simule, pour mieux exciter la compassion.

Il suffit de deux ou trois faits généraux pour réduire à leur juste valeur ces accusations. Le premier est le progrès extraordinaire de la population. Si les classes ouvrières vivaient dans le dénuement et la corruption, le flot de la population anglaise ne pourrait pas monter avec cette rapidité ; la mortalité qui suit le vice et la misère l'arrêterait infailliblement. La seconde preuve est plus démonstrative encore, s'il est possible : c'est la quantité proportionnelle des consommations que révèle la statistique. Il est parfaitement avéré que la nation anglaise consomme *par tête* beaucoup plus de viande, de bière, de sucre, de thé, de laine, de coton, qu'aucune autre, et d'où peut provenir cet excédant de consommation, si ce n'est du plus grand nombre ? Enfin on n'a qu'à consulter les recettes des caisses d'épargne et des innombrables sociétés mutuelles que renferme l'Angleterre pour voir qu'elles s'élèvent à des sommes bien autrement énormes que dans aucun pays du continent. Un peuple qui fait un pareil usage de l'épargne n'est ni si misérable ni si corrompu.

La pauvreté déclarée ne reçoit nulle part autant de secours. Est-il besoin de citer la taxe des pauvres, cet impôt si lourd, qui prélève sur les revenus des classes aisées 150 millions par an ? Et qui ne sait qu'en sus de cette taxe légale, une foule de fondations libres, *supported by voluntary contributions*, s'ouvrent de toutes parts aux malheureux ? On a fait la liste des *charités* volontaires de la seule ville de Londres : le total en est gigantesque. Je sais bien que ces efforts mêmes sont présentés comme une preuve de l'intensité du mal ; que dirait-on, s'ils n'existaient pas ? M. Périn fait remarquer que la condition des pauvres est meilleure dans les contrées méridionales de l'Europe ; il faut ajouter seulement que cette différence ne tient pas aux hommes, mais au climat. Un indigent à Naples n'a pas besoin d'abri, il n'a presque pas besoin de vêtement ; une nourriture extrêmement frugale lui suffit. En Angleterre, il faut une maison bien close, un feu de charbon, des vêtements chauds, des aliments fortifiants. L'entretien d'une famille y coûte quatre ou cinq fois plus qu'à Naples, et pour peu qu'une de ces nécessités ne soit pas satisfaite, la souffrance est beaucoup plus vive. Le soleil console de tout ; il pare les haillons et inspire la gaité ; sous un ciel obscur, pluvieux et froid, l'indigent ne peut s'étourdir que par l'exaltation mortelle du *gin*, et l'énergie du caractère national se tourne en morne désespoir.

À ces conséquences du climat, il faut en joindre d'autres qui résultent de circonstances économiques. Par la surabondance de sa population, dont les besoins dépassent de beaucoup la production agricole de son sol, si riche qu'elle soit, l'Angleterre est sans cesse exposée à un déficit de subsistances. D'un autre côté, les crises industrielles et commerciales y sévissent plus qu'ailleurs, parce que l'industrie et le commerce y ont pris plus de développement. Ce ne sont pas là des faits moraux, mais des faits matériels ; il ne faut pas attribuer aux uns ce qui s'explique par les autres. C'est au contraire par la force morale que la nation anglaise tient tête à ces dangers et finit par en triompher. Il n'y a pas de plus grand exemple que celui qu'elle donne en ce moment. On sait quelle terrible détresse la crise américaine a amenée dans les populations qui travaillent le coton ; le comté de Lancastre en particulier, qui renferme plus de deux millions d'âmes, a vu disparaître subitement l'aliment de son immense industrie. Qui ne sait quelle est en présence d'un tel désastre l'attitude admirable de cette population héroïque ? Pas une plainte, pas un désordre, pas une révolte ; deux millions de créatures humaines souffrent en silence un mal qu'elles ne peuvent empêcher ; elles refusent même tout secours de l'état, aimant mieux consommer leurs épargnes et vendre jusqu'à leur mobilier que tendre la main à leurs concitoyens, et l'Angleterre entière, touchée jusqu'aux larmes, respecte cette fière abnégation, prête à voler à leur aide avec toutes ses ressources quand il le faudra absolument.

Pour voir ainsi l'Angleterre en noir, M. Périn a un motif qu'il ne dissimule pas ; l'Angleterre est protestante, et l'économiste catholique ne peut admettre que le protestantisme puisse se concilier avec la grandeur morale. Rien n'est plus triste que cette malveillance qui divise encore les deux grandes églises chrétiennes et qui survit aux anciennes guerres de religion. Le mal n'est pas particulier à l'un des deux cultes, il est répandu parmi les protestants comme parmi les catholiques. Les Anglais, si raisonnables d'ordinaire, perdent tout à fait la tête quand il s'agit du pape et de l'église catholique ; à leur tour, certains catholiques le leur rendent bien. Ne serait-il pas temps d'oublier un peu ce qui nous divise pour voir davantage ce qui nous rapproche ? Le catholicisme et le protestantisme sont les deux branches d'un même tronc ; ils ne peuvent plus espérer de se détruire mutuellement ; ils y travaillent en vain depuis trop longtemps. Ce qu'ils ont désormais de mieux à faire, c'est de se supporter, de se rendre justice, et de rivaliser pour le bien. L'avenir dira si ce n'est pas là le meilleur moyen de travailler à un rapprochement que ces polémiques amères ne peuvent qu'éloigner.

Il n'y a pas d'ailleurs, il faut l'avouer, de terrain plus mal choisi par un catholique, pour y porter ces querelles, que le terrain économique, non que le catholicisme soit par lui-même moins favorable au progrès de la richesse, mais parce que les nations protestantes ont les devants jusqu'ici. Quel que soit l'essor qu'aient pris au XIIIe siècle, sous les auspices de l'église, la richesse et la population, on les a vues décroître rapidement dans les siècles suivants, et de l'époque de la réforme date le mouvement ascensionnel qui se continue sous nos yeux. L'Angleterre protestante est la plus riche des nations modernes ; Adam Smith, Ricardo, Malthus, étaient Anglais et protestants, et il n'y a pas de pays au monde où l'enseignement économique soit devenu plus général et plus populaire. Est-ce une raison pour désespérer de l'avenir des nations catholiques ? Non certes. Si l'église catholique a trop dédaigné jusqu'ici les enseignements de l'économie politique, le livre de M. Périn prouve qu'elle commence à ouvrir les yeux. Le jour où elle y appliquera son puissant génie, elle dépassera probablement tout ce qu'on a vu. L'église catholique n'est pas pour rien la plus grande institution que le monde ait connue.

À ceux qui pourraient être tentés d'exagérer la supériorité économique des nations protestantes, on peut répondre que si l'Angleterre, la Hollande, la Saxe, le Wurtemberg sont protestants, la Belgique, le nord de la France, la Prusse rhénane, la Haute-Italie, qui rivalisent de richesse, sont catholiques. L'Italie entière a été dans d'autres temps à la tête de la civilisation universelle. L'Espagne, aujourd'hui une des nations les plus arriérées, a étendu sa domination sur les deux mondes, et depuis qu'elle possède un gouvernement constitutionnel, elle remonte à vue d'œil vers la puissance. Il n'est possible de voir dans ces déplacements qu'une de ces oscillations historiques qui constituent la vie des peuples. Même en Amérique, où éclatait plus qu'ailleurs la supériorité actuelle du protestantisme, les états protestants du nord commencent leurs querelles quand les états catholiques du sud semblent finir les leurs ; les uns descendent, les autres montent. À prendre l'histoire dans son ensemble, les œuvres du catholicisme dépassent de beaucoup celles de la réforme ; l'un a régné pendant quinze siècles, l'autre n'a commencé sérieusement qu'il y a trois cents ans.

Ce qui doit le plus exciter cette féconde émulation, c'est que les nations les plus riches sont en même temps les plus pénétrées de l'esprit religieux. L'un ne peut aller longtemps sans l'autre. La riche Angleterre est aujourd'hui la nation la plus religieuse de l'Europe. On peut trouver son culte triste et sévère ; tel qu'il est, il suffit à son génie. Quels que soient les désordres qu'on peut signaler dans la partie infime de sa population, le reste vit dans une régularité parfaite et remplit avec ferveur ses devoirs religieux. Là est le principe des grandes choses que l'Angleterre accomplit dans tous les genres, le principe de sa liberté politique et de cet ordre universel qui s'unit si naturellement à sa liberté. Si les ouvriers du Lancashire et des comtés voisins donnent en ce moment un si beau spectacle, le plus beau peut-être qu'on ait jamais vu, c'est sans doute parce qu'ils connaissent les lois de l'économie politique, mais aussi parce qu'ils sont pour la plupart soutenus par une piété sincère. Que M. Périn aille passer un dimanche à Manchester, à Liverpool, à Birmingham, à Leeds, à Sheffield, dans une de ces grandes villes manufacturières qui ne sont d'après lui que des théâtres de perdition, et il verra combien l'immense majorité des ouvriers anglais méritent peu les reproches qu'il leur adresse. Les sectes y sont nombreuses, il est vrai, mais toutes ardemment chrétiennes. « *Depuis la crise*, disait dernièrement un chef de police à un voyageur français, *les cabarets sont fermés et les églises sont pleines.* »

L'esprit catholique brille surtout par la charité, par l'ardent et profond amour du pauvre. Il n'y a rien, dans les œuvres du protestantisme, d'aussi admirable que l'institution sublime des sœurs de charité, et de nos jours une foule d'autres fondations, inspirées par le zèle le plus ingénieux et le plus passionné, montrent que cette source immortelle ne tarit pas. Il faut cependant avoir le courage de le dire, ce noble dévouement n'a pas toujours été assez éclairé. L'église catholique a trop aimé la pauvreté, elle l'a trop sanctifiée en quelque sorte, elle a trop prêché la charité pour elle-même, pour l'édification de celui qui la fait. L'idéal de l'aumône, c'est de se rendre inutile. Le texte dont on s'appuie pour dire la pauvreté impérissable n'est pas exactement cité. L'Évangile ne dit pas *vous aurez*, mais *vous avez* toujours des pauvres parmi vous : *pauperes semper habetis vobiscum*, ce qui est bien différent. Quand même la pauvreté devrait être la plus forte, notre devoir serait toujours de la poursuivre dans son principe, afin de la détruire autant que possible. Sous ce rapport, l'économie politique a quelque chose à apprendre à la religion ; l'instrument le plus puissant de la charité serait l'union de la foi et de la science.

Cette union se fera certainement, car l'incompatibilité n'est qu'apparente. Malthus, dont on dit tant de mal, a écrit un chapitre intitulé : *De la direction à donner à notre charité*, dont on ne saurait trop recommander la lecture. « En intéressant les hommes, dit-il, au bonheur et au malheur de leurs semblables, l'instinct bienfaisant que la nature a mis en eux les engage à porter remède aux maux partiels qui résultent des lois générales ; mais si cette bienveillance ne distingue rien, si le degré de malheur apparent est la seule mesure de notre libéralité, il est clair qu'elle ne s'exercera que sur les mendiants de profession : nous secourrons ceux qui auront le moins besoin de secours, nous laisserons périr l'homme actif et laborieux luttant contre d'inévitables difficultés. Il en est bien autrement de cette charité intelligente et active qui connaît en détail ceux dont elle soulage les peines, qui sent par quels étroits liens sont unis le riche et le pauvre et s'honore de cette alliance, qui visite l'infortuné dans sa maison et ne s'informe pas uniquement de ses besoins, mais de ses habitudes et de ses dispositions morales. Une telle charité impose silence au mendiant effronté qui n'a pour recommandation que les haillons dont il affecte de se couvrir ; elle encourage au contraire, elle soutient, console, assiste avec libéralité celui qui souffre en silence des maux immérités. Il est impossible de pratiquer une pareille charité sans croître journellement en vertu ; c'est la seule qui lasse à la fois le bonheur de celui qui la pratique et de celui qui en est l'objet. » Les membres de la société de Saint-Vincent-de-Paul ne se reconnaissent-ils pas dans ce passage ?

M. Périn repousse autant que Malthus la charité légale ; il va même un peu trop loin sous ce rapport, car il y a dans la charité légale des parties excellentes, comme l'assistance aux aliénés et aux enfants abandonnés ; il fait justement appel à la charité privée et surtout aux associations de charité. J'aurais voulu seulement que, tout en rendant un hommage mérité à ces pieux efforts, il se montrât un peu plus préoccupé de cet autre genre d'institutions charitables qui a pour but de prévenir la pauvreté. Il dit à peine quelques mots des caisses d'épargne, qui sont pourtant au premier rang. L'épargne des classes ouvrières pourrait s'accroître encore, soit sous cette forme, soit sous toute autre, si le clergé catholique prenait en main cette cause avec plus d'ardeur. Je regrette aussi d'avoir trouvé dans M. Périn quelques paroles peu favorables à l'instruction primaire. La diffusion de l'instruction a ses dangers sans doute, elle répand encore plus de bienfaits ; l'homme ignorant est un esclave, l'instruction seule donne la liberté. L'admirable institut des *frères de la doctrine chrétienne* prouve d'ailleurs que l'église a compris ce grand devoir, et ce n'est pas répondre à son esprit que d'élever des doutes sur ce point.

À propos des sociétés de secours mutuels, qui sont, avec les caisses d'épargne et les écoles primaires, le plus sûr moyen d'améliorer le sort des classes pauvres, M. Périn fait remarquer que leur origine remonte au moyen âge et qu'on les appelait des *confréries*. M. Levasseur, dans sa savante *Histoire des classes ouvrières*, M. Emile Laurent, dans son *Traité du paupérisme et des associations de prévoyance*, avaient déjà fait la même observation. Le lien religieux donne une force de plus à ces associations, et quand elles ont pour but de soulager l'âme aussi bien que le corps, elles prennent un caractère plus sacré et de plus profondes racines. Les anciennes confréries s'unissaient malheureusement aux corporations, aux jurandes, aux maîtrises, dont l'abolition a émancipé le travail, et il faut avoir bien soin de distinguer la partie charitable et chrétienne de ces institutions de leur partie égoïste et exclusive. Une fois cette distinction faite, rien ne s'oppose, au point de vue économique, à voir reparaître et se multiplier les bannières, les chapelles, les images des saints, tout ce pieux appareil qui formait l'unité visible des anciennes sociétés. Il n'y a pas jusqu'à ce mot touchant de *confrérie*, qui ne vaille mieux que le nom actuel ; en Angleterre, on les appelle des sociétés d'amis, *friendly societies*.

Je ne discuterai pas avec le professeur de Louvain sur ce qu'il appelle le *patronage*. Ce mot peut avoir deux sens, l'un inconciliable avec les principes de la société moderne, l'autre au contraire profondément utile. Le premier est le patronage légal, c'est-à-dire un ensemble d'obligations positives entre le maître et l'ouvrier, qui rappellerait de près ou de loin l'ancien patriciat. Il faudrait être bien aveugle pour rêver un pareil retour vers le passé, et pour ne pas comprendre qu'il n'y a désormais rien à attendre que de la liberté la plus entière des deux parts et de la parfaite égalité des droits. Le second est le patronage volontaire, librement accordé, librement accepté, ou, pour mieux dire, car ce mot de patronage peut encore soulever des ombrages, une sollicitude affectueuse des entrepreneurs d'industrie pour l'état moral et matériel de leurs ouvriers. L'économie politique ne repousse que l'intervention de la loi, et encore pas toujours, car elle a accepté la loi sur le travail des enfants dans les manufactures. Il suffit de lire les éloquentes études de M. Reybaud sur la condition des ouvriers en soie pour voir combien tout économiste digne de ce nom se préoccupe de ce grave côté de la question industrielle. Il y a bien peu de chefs d'atelier qui ne veillent aujourd'hui à la moralité, à la santé, au bien-être de leurs ouvriers non moins qu'à leur travail, et, quand ils manquent à ce devoir, l'opinion publique les y rappelle avec sévérité.

Entre autres exemples, empruntés pour la plupart à M. Reybaud, M. Périn aime à citer la manufacture d'étoffes de soie de Jujurieux, dans le département de l'Ain. Des femmes suffisent à ce travail, où la dextérité importe plus que la vigueur. Cet emploi exclusif des femmes a permis d'établir une règle qui, par sa sévérité, se rapproche des congrégations religieuses. On n'y prononce pas de vœux ; mais, dans la limite de leurs engagements, les ouvrières sont astreintes à un genre de vie qui les isole du monde extérieur. Des sœurs ont le gouvernement de la maison. On n'admet que des jeunes filles ou des veuves sans enfants. Les ouvrières, logées, nourries et entretenues dans l'établissement, reçoivent, au lieu de salaires, des gages fixes par an. Il en est peu parmi elles qui n'aient point une épargne, et ces économies restent dans la caisse à titre de dépôt. Lorsque pour un motif ou pour un autre une ouvrière quitte la maison, on règle son compte et on lui remet la somme accrue des intérêts. Presque toujours la sortie a pour cause un établissement, car les cultivateurs du voisinage prennent volontiers leurs femmes dans la manufacture de Jujurieux. Rien de plus parfait à coup sûr, rien de plus sacré qu'une pareille maison ; mais il est facile de voir que, par sa rigueur claustrale, elle ne peut être qu'une exception.

En règle générale, le meilleur patronage est celui qui respecte le plus la liberté de l'ouvrier et qui travaille à le rendre maître de son sort. J'aurais donc voulu que M. Périn citât aussi, pendant qu'il était sur ce sujet, l'entreprise de *maisons d'ouvriers* de Mulhouse, que nous a également décrite M. Reybaud. Cinq cents ouvriers, devenus en quelques années propriétaires d'autant de maisons saines et commodes qu'ils paient sur leurs épargnes, et par ce moyen autant de familles constituées, vivant honnêtement, régulièrement, heureusement, aussi défendues que possible contre les chances des chômages : que de victimes enlevées à la débauche, que de malades soustraits à l'hôpital, que d'enfants qui auraient peut-être peuplé les hospices, et qui s'élèvent sous l'œil maternel ! C'est aussi une œuvre sainte que celle-là. Les moyens diffèrent, l'esprit est le même, La famille, voilà le vrai moyen de salut, et rien n'encourage la famille comme la propriété.

M. Périn blâme les mesures répressives de la mendicité comme contraires à la charité chrétienne. Le régime des *workhouses* en Angleterre et des *dépôts de mendicité* en France lui paraît également répréhensible. Cette question est fort délicate, en ce qu'il est difficile de saisir le point précis où la répression devient légitime. On ne saurait cependant contester qu'une certaine part de répression ne soit nécessaire ; ce serait une charité bien mal entendue que celle qui permettrait à la paresse et au vagabondage d'abuser indéfiniment de la pitié publique. Entre les aumônes aveugles des anciens couvents et les lois sauvages qui punissaient l'indigence comme un crime, il y a un terme moyen qu'il faut trouver, et dont la législation actuelle, soit en France, soit en Angleterre, ne s'éloigne pas autant qu'on veut bien le dire. Si le régime intérieur des *workhouses* et des *dépôts de mendicité* présente encore des abus et des lacunes, de part et d'autre on s'occupe d'y remédier, et certainement on y remédiera. Si les articles du code pénal contre la mendicité sont trop sévères, on les adoucit dans l'application ; il en est de même en Angleterre du bill de 1834. Quant au principe de la répression, outre le fameux texte de saint Paul : *celui qui ne veut pas travailler n'est pas digne de manger*, M. Périn cite lui-même plusieurs passages des pères qui le justifient. « Ne donnez pas, dit saint Jérôme, à de faux indigents la substance du Christ, qui appartient aux vrais pauvres. » Saint Augustin, saint Ambroise, s'expriment dans le même sens.

Que n'a-t-on pas dit contre la suppression des tours ! L'œuvre de saint Vincent de Paul était perdue ! l'insensibilité économique prenait la place de la compassion chrétienne ! Voilà cependant qu'après trente ans d'expériences, une commission présidée par un des hommes qui ont le plus approfondi les effets de la bienfaisance publique, M. de Watteville, vient de constater les heureuses conséquences de cette réforme, non-seulement dans l'ordre économique, mais dans l'ordre moral. De 36,000 par an en 1831, le nombre des enfants abandonnés est descendu à 20,000 ; l'abandon des enfants légitimes, qu'encourageaient le silence et l'obscurité, est devenu tout à fait exceptionnel ; la mortalité a diminué avec la dépense, et ce qui doit surtout réjouir les âmes chrétiennes, beaucoup de ces malheureux enfants finissent par être reconnus et même légitimés par mariage subséquent ; Tels sont les effets du nouveau système. En même temps la commission a constaté une fois de plus que la suppression des tours n'a aucune influence sur les infanticides, puisque les départements qui ont supprimé les tours ne sont pas ceux où s'accroît le nombre de ces crimes. Voilà donc une question douloureuse qui va en s'éclaircissant, et où la raison et l'expérience rectifient la charité qui s'égarait.

J'ai dit franchement ce qui manque, selon moi, au travail de M. Périn ; je n'en veux pas moins le remercier de sa tentative. D'autres feront après lui quelques pas de plus. Réconcilier l'économie politique et la religion, c'est l'œuvre la plus méritoire qu'on puisse entreprendre. Avec le concours de ces deux grandes forces sociales, on peut espérer de faire reculer indéfiniment le vice et la misère. L'une sans l'autre n'y suffit pas. Le jour où elles marcheront tout à fait d'accord, nous assisterons à une nouvelle et puissante évolution de l'idée chrétienne. Voilà bientôt deux mille ans que l'aurore du christianisme a paru : dans cette longue suite de siècles, le monde a fait sans doute de grands pas ; mais combien nous sommes encore loin de l'exécution complète des divines promesses ! L'esprit du paganisme n'a pas péri, il lutte encore sous diverses formes et se glisse quelquefois sous le manteau de la religion. De son côté, le génie chrétien change de forme aussi ; il ne vit pas uniquement dans le sanctuaire et se répand au dehors sous d'autres noms. C'est lui qui a inspiré, malgré des apparences trop souvent contraires, la philosophie du XVIIIe siècle, car là où est l'amour de l'humanité, là est l'esprit du christianisme. C'est lui qui reparaît de nos jours dans l'élan universel vers la richesse, qui donne la dignité et la liberté. Qu'on ne sépare pas ce que l'histoire a uni. Enfants de ce siècle, nous sommes à la fois les fils des croisés et les fils de Voltaire ; nous héritons de tout le travail du passé, si contradictoire qu'il soit en apparence.

Plus on démontre l'influence des croyances religieuses sur le développement de la richesse, plus il serait juste de montrer en même temps l'action du progrès matériel sur l'ordre moral, car les services sont réciproques. C'est même là un des caractères les plus frappants et les plus neufs de notre temps ; plus que jamais la multiplication des pains sert à propager le sermon sur la montagne. La Providence veut bien se montrer sous cette forme ; ne la repoussez pas.

Quand les entrepreneurs du télégraphe transatlantique crurent avoir déposé dans les profondeurs de l'Océan le câble qui devait servir de lien électrique entre les deux mondes, la première dépêche qu'ils confièrent au nouveau messager fut celle-ci : *Gloire à Dieu dans les hauteurs du ciel, et paix sur la terre aux hommes de bonne volonté* ! De même les voûtes de cet immense palais qui abrite en ce moment à Londres les produits de l'industrie universelle sont toutes couvertes d'inscriptions pieuses qui rappellent que la main de l'homme ne fait qu'accomplir l'œuvre de Dieu. Tel est en effet le véritable sens de cette forme nouvelle et décisive de l'antique croisade. Ce que n'ont pu faire des siècles d'efforts, soit par les armes, soit par la parole, l'industrie l'accomplit plus sûrement sous nos yeux. Par elle, les dernières chaînes tombent, les âmes s'affranchissent avec les corps, la pauvreté cède avec l'ignorance, l'égalité se fait. Par elle, la barbarie la plus lointaine se laisse vaincre, les déserts se peuplent, la foi se répand, le monde sauvage apprend à jouir des dons de la Providence et à bénir son nom. Hommes de peu de foi, qui croyez voir la mort où est la vie, reconnaissez le doigt tout-puissant, et à l'aspect de ces conquêtes pacifiques qui préparent le règne de la fraternité universelle annoncée par l'Évangile, répétez le cri de triomphe du chrétien : *Christus vincit, Christus regnat, Christus imperat.*

ISBN : 978-1546523871